BEI GRIN MACHT SICH IHR WISSEN BEZAHLT

- Wir veröffentlichen Ihre Hausarbeit, Bachelor- und Masterarbeit

- Ihr eigenes eBook und Buch - weltweit in allen wichtigen Shops

- Verdienen Sie an jedem Verkauf

Jetzt bei www.GRIN.com hochladen und kostenlos publizieren

Bibliografische Information der Deutschen Nationalbibliothek:

Die Deutsche Bibliothek verzeichnet diese Publikation in der Deutschen Nationalbibliografie; detaillierte bibliografische Daten sind im Internet über http://dnb.d-nb.de/ abrufbar.

Dieses Werk sowie alle darin enthaltenen einzelnen Beiträge und Abbildungen sind urheberrechtlich geschützt. Jede Verwertung, die nicht ausdrücklich vom Urheberrechtsschutz zugelassen ist, bedarf der vorherigen Zustimmung des Verlages. Das gilt insbesondere für Vervielfältigungen, Bearbeitungen, Übersetzungen, Mikroverfilmungen, Auswertungen durch Datenbanken und für die Einspeicherung und Verarbeitung in elektronische Systeme. Alle Rechte, auch die des auszugsweisen Nachdrucks, der fotomechanischen Wiedergabe (einschließlich Mikrokopie) sowie der Auswertung durch Datenbanken oder ähnliche Einrichtungen, vorbehalten.

Impressum:

Copyright © 2016 GRIN Verlag, Open Publishing GmbH
Druck und Bindung: Books on Demand GmbH, Norderstedt Germany
ISBN: 9783668505308

Dieses Buch bei GRIN:

http://www.grin.com/de/e-book/372944/honestiores-und-humiliores-die-entwicklung-der-zweiklassengerichtsbarkeit

Winfried Kumpitsch

Honestiores und Humiliores. Die Entwicklung der Zweiklassengerichtsbarkeit ab Hadrian

GRIN Verlag

GRIN - Your knowledge has value

Der GRIN Verlag publiziert seit 1998 wissenschaftliche Arbeiten von Studenten, Hochschullehrern und anderen Akademikern als eBook und gedrucktes Buch. Die Verlagswebsite www.grin.com ist die ideale Plattform zur Veröffentlichung von Hausarbeiten, Abschlussarbeiten, wissenschaftlichen Aufsätzen, Dissertationen und Fachbüchern.

Besuchen Sie uns im Internet:

http://www.grin.com/

http://www.facebook.com/grincom

http://www.twitter.com/grin_com

Inhaltsverzeichnis

Einleitung 2
I.   Gesellschaft 2
   1.   Rechtliche Kategorie 2
      1.   1. Freigeboren oder Freigelassen 2
      1.   2. Peregrinus oder civis Romanus 2
   2. Soziale Kategorie 3
      2. 1. Der ordo senatoris 3
      2.2.   Der ordo equester 3
      2. 3. Der ordo decurionum 4
II. Rechtspraxis 4
   1. Exilstrafen 7
      1. 1. Relegatio 7
      1. 2. Interdictio aqua et igni/exilium 7
      1. 3. Deportatio 7
   2. Körperstrafen 7
      2. 1. Summum supplicium 7
      2. 3. Crux/furca 8
      2. 4. Bestiae 8
      2. 5. Ad metallum 8
      2.   6. Opus publicum in temproe vel perpetuum 9
      2. 7. Prügelstrafen und Geldbußen 9
   3. Randerscheinungen 9
      3. 1. Folter 9
      3. 2. Custodia 10
Fazit: Hadrian und die Entstehung privilegierter Gruppen 11
Bibliographie 13

Einleitung

Im 2. Jahrhundert n. Chr. begann im römischen Reich eine Umstrukturierung der sozialen Gesellschaftsordnung, die schließlich im 3. Jahrhundert die Einführung des Kolonates ermöglichte. Als deutlichster Ausdruck dieses Entwicklungsprozesses gilt die Entstehung der Zweiklassengerichtsbarkeit unter Hadrian.

Um zu verstehen wie und warum es dazu kam, soll zunächst ein Blick auf die Gesellschaftsstruktur des römischen Reiches bis Hadrian geworfen werden, dann auf die römische Rechtspraxis im System der Zweiklassenbestrafung, um abschließend die Entwicklung beider Bereiche im historischen Kontext miteinander zu verknüpfen.

I. Gesellschaft

Die Gesellschaft des Imperium Romanorum, und daher insbesondere die Bevölkerung von Rom, wurde durch rechtliche und soziale Faktoren gegliedert: Die rechtlichen Kategorien waren: Frei oder Unfrei, Freigeboren oder Freigelassen, *civis Romanus* oder *peregrinus*. Die sozialen Kategorien waren Reich oder Arm, Mitglied eines der drei *ordines* oder nicht. Innerhalb der drei *ordines* (Senatoren, Ritter, Dekurionen) wurde nochmals unterschieden: welchem *ordo* angehörig, wieviel Vermögen, Ämter des *cursus honorum*, Ahnen oder *homo novus*.[1]

1. Rechtliche Kategorie

1. 1. Freigeboren oder Freigelassen

Reiche Freigelassene durften seit Augustus zwar immer noch keine Ämter bekleiden, dafür war es ihnen aber gestattet *Augustales,* also Priester des neuen Kaiserkultes zu werden, was ihr gesellschaftliches Prestige, besonders in den Provinzen, natürlich anhob.

Besonders einflussreich, und von daher von den Mitgliedern der *ordines* verabscheut, waren die kaiserlichen Freigelassenen des 1. Jh. n. Chr., an denen sich besonders deutlich zeigte, dass der ideologisch-soziale Status in der Gesellschaft und der realpolitische Einfluss nicht immer äquivalent sein mussten.[2]

1. 2. Peregrinus oder civis Romanus

Alle Stände umfassender Rechtsstatus. Einem *civis Romanus* durfte ohne Gerichtsverfahren vor einem römischen Gericht keine Körperstrafe auferlegt werden und er hatte das Recht auf eine Anhörung vor

---

[1] Gai. Inst. 1.3.9-12; Vgl. Geza Alföldy: Römische Sozialgeschichte. Stuttgart, 3. Auflage, 1984 S. 94; Richard Saller: *CAH XI.2* (2008) S. 818 s.v. Status and Patronage.
[2] Saller, 2008, S. 831-32.

dem Kaisergericht in Rom. Als *civis Romanus* durfte man die weiße Toga tragen.[3] Ab Hadrian begann jedoch die Entwicklung einer Rechtspraxis, in der auch *cives Romani*, die nicht in einem *ordo* waren, mit langsam härter werdenden Strafen belegt wurden, bis nach den Bürgerrechtsverleihungen der *constitutio Antoniana* 212 n. Chr., die ehemals für *peregrini* gedachten Strafen auch auf *cives Romani* angewandt wurden.[4]

2. Soziale Kategorie

2. 1. Der ordo senatoris

Die Mitglieder des *ordo senatoris* genossen das höchste gesellschaftliche Ansehen nach dem Kaiser. Die Anzahl der Mitglieder wurde von Augustus auf 600 beschränkt.[5] Der harte Kern war die Nobilität der Republik, innerhalb des 1. Jahrhunderts n. Chr. starben aber viele republikanische *gentes* (Blutzoll unter den Kaisern im 1. Jh. n. Chr. aber auch geringe Geburtenrate) aus, sodass bis Septimius Severus nur mehr eine handvoll echter "alter Adelsfamilien" im Senat waren.[6] Die Mehrheit des Senates setzte sich in dieser Zeit aus vom Kaiser in den Senatorenstand erhobenen, zumeist provinzialen, Familien zusammen. Die Zugehörigkeit wurde durch den *latus clavus* an der Toga angezeigt.

Die Senatoren verfügten alle über ein beträchtliches Vermögen, weswegen der Mindestzensus 1 Million Sesterzen betrug. Allerdings wurde von ihnen auch erwartet, dass sie bereitwillig einen Teil davon für öffentliche Zwecke aufwandten. Dadurch, dass die in den *ordo* Optierten, ähnlich wie bereits in der Republik die *homines novi,* wie z. B. Cato maior oder Cicero, sich die Werte des *ordo* aneigneten und vehement verteidigten, blieb, trotz des Aussterbens der alten Geschlechter, das Standesverständnis im Großen und Ganzem erhalten und die Senatoren bildeten eine eng verschweißte Gemeinschaft.[7]

2.2. Der ordo equester

Anders als der *ordo senatoris* ist der *ordo equester* wesentlich uneinheitlicher in Bezug auf die Zusammensetzung seiner Mitglieder. Hier waren erfolgreiche Militärs im selben Maße zu finden wie reiche Großgrundbesitzer, Bankiers, Geschäftsmänner, Händler, Söhne von Freigelassenen, selten sogar Freigelassene, Mitglieder des *ordo decurionum* oder zu Beginn des Principates auch Mitglieder des provinzialen Stammesadels. Traditionellerweise waren aber auch die Söhne der Senatoren im *ordo equester* verortet. Da also eine gewisse Pluralität bezüglich des sozialen Hintergrundes der *eques* bestand, besaß der *ordo equester* auch keine einzig für ihn speziellen Werte, vielmehr übernahm er

---

[3] Saller, 2008, S. 821.
[4] Peter Garnsey; Richar Saller: *The roman empire: economy, society and culture*, Berkeley 1987. S.115-116; Saller, 2008 S. 851-53.
[5] Cass. Dio. LVI 41,3; Res gest. 8.
[6] Alföldy, 1984, S. 103.
[7] Alföldy, 1984, S. 102-103; Garnsey/Saller, 1987, S. 113.

bereits in der Republik die Werte des *ordo senatoris*.[8] Dies dürfte unter anderem auch daran liegen, dass er sozusagen den Rekrutierungspool für den *ordo senatoris* darstellte. Stärker als im *ordo senatoris* wurde im *ordo equester* zwischen Rittern, die die höheren ritterlichen Ämter innegehabt hatten, und denen die nur niedere bzw. keine Ämter hatten, unterschieden.[9] Die Zugehörigkeit wurde durch einen Goldring und dem *angustus clavus* auf der Toga angezeigt. Die Voraussetzung für die Zugehörigkeit war ein Mindestzensus von 400.000 Sesterzen.

2. 3. Der ordo decurionum

In den außeritalischen Municipien mit römischem Recht formierte der *ordo decurionum* für jede Stadt eine Art kleinen Senat. Um in den Stadtrat und somit dem *ordo decurionum* aufgenommen zu werden, bedurfte man eines gewissen Mindestvermögens (für Comum nennt Plinius Secundus 100.000 Sesterzen[10]) und durfte keinem unehrenhaften Geschäft nachgehen. Mit dem Dekurionenamt verbunden war die Erbringung von *munera* für die Stadt selbst, im Verlauf des 2. Jh. n. auch zunehmend das Aufkommen für die Steuerverpflichtung der Stadt, besonders der *annona*, weshalb dieses Ehrenamt zunehmend unbeliebter wurde.[11]

II. Rechtspraxis

Mit Hadrian beginnt die Tendenz in Erlässen, die für die Mitglieder des Ritter- und Senatorenstandes alternativen Strafformen zur Todesstrafe, auch für Dekurionen in den Provinzen festzusetzen. Ausgenommen davon waren *crimen laesae maiestatis*, *parricid* und schwere Fälle von Brandstiftung.[12]

Für die einfache Bevölkerung galt, dass zwar auch für sie eine Verbannung in Frage kam, die Richter bei gleichem Vergehen aber lieber Körper- bzw. Arbeitsstrafen verhängten.[13]

Auffallend ist, dass die kaiserlichen Reskripte und Edikte den Strafrahmen der Statthalter gegenüber den Decurionen, nicht aber gegenüber der einfachen Bevölkerung einschränkten.[14]

---

[8] Alföldy, 1984, S. 106.
[9] Alföldy, 1984, S. 108-109.
[10] Plin. Ep. I 19.
[11] Saller, 2008 S. 817; Christian Gizewski: DNP 3 (1997) Sp. 356-357 s.v. Decurio, decuriones.
[12] Peter Garnsey: Social status and legal privilege in the Roman Empire. Oxford, 1970 S. 105-107.
[13] Garnsey, 1970, S. 121.
[14] Garnsey, 1970, S. 121.

So erließ Hadrian ein Edikt, dass Statthalter straffällige Mitglieder des *ordo decuriones* zu verbannen und nicht zu exekutieren hätten, sofern das Verbrechen nicht *parricid* war.[15] Unter den Severern schließlich mussten Statthalter auch für die Verbannung eines Dekurios erst Rücksprache mit dem Kaiser abhalten.[16]

Die für das Urteil ausschlaggebenden rechtlichen Kategorien waren also:

Humiliores:

„(qui) humiliores loco positi (nati sunt), plebeii, tenuiores, liberi plebeii, humiles personae"[17]
Plebeii: Laut Gaius alle Bürger die keine Senatoren sind („*ceteri cives sine senatoribus*").[18] Die im Codex Justinianus als *plebeiorum poenae* klassifizierten Strafen werden in den Digesten auf Sklaven angewandt.[19]
Tenuiores: Spätantiker Begriff für freie Menschen niederer Herkunft. In den Rechtstexten zumeist von *potentiores* bedrückt, wobei *potentior* kein Synonym für *honestior* ist.[20]

Honestiores:

Steht im Zusammenhang mit *honor* bzw. *honos* welche auf die aktuellen Verwaltungsämter und -posten verweisen. *Honestior* ist also jemand der ein Amt innehatte und daher auch *honor* besitzt. Decurionen und Veteranen werden wie *honor* besitzende Personen behandelt.[21]

Gegen Ende des 2. Jh. n. wurden viele, ehemals für Sklaven gedachte, Strafen auch auf freie Menschen und selbst *cives Romani*, niederer Herkunft angewandt.[22] *Honestiores* wurden aber erst nach den Severern für Kapitalverbrechen exekutiert anstatt exiliert.[23]
Betrachtet man die Strafsystematik bei Pseudo-Paulus, aus der Zeit des Severus Alexander, ergibt sich folgendes Bild:

---

[15] Dig. Dig. 48. 19. 15; Garnsey, 1970, S. 107.
[16] Dig. 48. 8. 5; Dig. 48. 19. 27. 1; Dig. 48. 22. 6. 1; Garnsey, 1970, S. 121.
[17] Dig. 48. 19. 28. 11.
[18] Dig. 50. 16. 238 praef.
[19] CJ 9. 41. 11 praef; Dig. 48. 19. 28. 11.
[20] Garnsey, 1970 S. 222-223.
[21] Dig. 49. 18.3. vgl. Garnsey, 1970 S. 223-224.
[22] Garnsey, 1970, S. 127; Saller, 2008 S. 852.
[23] Garnsey, 1970, S. 111.

Die seit Hadrian bekannten Strafen treten immer noch in folgender Reihung auf;

1. *caput/bestiae*
2. *deportatio/caput*
3. *deportatio/metallum*
4. *relegatio/caput*
5. *relegatio/metallum*
6. *relegatio/opus publicum*

wobei immer gilt, dass: Sklaven schwerer als honestiores, gleich oder schwerer als humiliores; Humiliores schwerer oder gleich als honestiores, aber gleich oder leichter als Sklaven; und Honestiores leichter oder gleich als humiliores, immer aber leichter als Sklaven bestraft werden können.[24]

Abweichungen von dieser Regelung begründen sich immer auf einem von drei Faktoren:

A) Die Strafen sind für ein eine spezifische Gruppe, die bestimmter Delikte beschuldigt wird. (*milites, iudices* etc.)[25]

B) Die Strafen sind für bestimmte Verbrechen, die von der üblichen Regelung abweichen da: es sich um gruppen-/berufsspezifische Delikte handelt; die Todesstrafe generell vorgeschrieben ist, wobei die Exekution dem Status entsprechend durchgeführt wird; oder die Aufhebung der personalen Differenzierung wegen der Schwere des Verbrechens vorgeschrieben wird.[26]

C) Unbestimmte Variablen nehmen Einfluss auf die Strafen: 1. Die c*ondicio* und/oder *qualitas* der angeklagten Person sind bei der Straffestsetzung zu berücksichtigen. 2. Die Schwere des Deliktes ist zu berücksichtigen (z.B. *sacra impia nocturnave* oder "blos" *sacra impia diem*)[27]

Nun soll kurz eine Übersicht über die Strafpraxis nach Hadrian gegeben werden.

---

[24] Rolf Rilinger: Humiliores-Honestiores: *zu einer sozialen Diochtomie im Strafrecht der römischen Kaiserzeit.* München, 1988, 69-70.
[25] Rilinger, 1988, S. 70.
[26] Rilinger, 1988, S. 71-73.
[27] Rilinger, 1988, S. 73-75.

1. Exilstrafen

1. 1. Relegatio

In der Republik eine private Strafhandlung des *pater familias*, des *patronus* bzw. eine administrative Maßnahme der *magistrate*. Unter Augustus zur Strafe für Ehebruch erklärt, aber auch für andere Verbrechen verhängt. Strafmaß *ad tempus* oder *in perpetuum*, aber kein Verlust der Bürgerrechte oder der Testierfähigkeit. Bis ins 2. Jh. n. Chr. hinein wurde auch die teilweise Konfiskation des Vermögens als unrechtmäßig angesehen.[28]

1. 2. Interdictio aqua et igni/exilium

Synonyme des 1. Jh. n. Chr. Die Exilierten verloren ihre Bürgerrechte, ihr Vermögen und wurden zumeist auch auf eine Insel verbannt.[29]

1. 3. Deportatio

Fachterminus des frühen 2. Jh. n. Chr. der unter Hadrian und Antoninus Pius die *interdictio aqua et igni* und *exilium* als Begriff ersetzte.[30]

2. Körperstrafen

2. 1. Summum supplicium

Unter (*summum*) *supplicium* wird für gemeinhin "Folter; Tod; Bestrafung" verstanden und zwar in Anwendung sowohl auf Sklaven als auch auf Freie. In Ciceros Reden gegen Catilina wird *supplicium* in der Bedeutung "Bestrafung" verwendet.[31] Im Verlauf der Kaiserzeit wurde dann eine Vielzahl an Exekutionsformen unter *summum supplicium* subsumiert, die bei unterschiedlichen Verbrechen Anwendung fanden.[32]

---

[28] Dig. 48. 22. 4; Dig. 48. 22. 7. 4; Garnsey, 1970, S. 115-117.
[29] Garnsey, 1970, S. 111-112.
[30] Garnsey, 1970, S. 113-115.
[31] Cic. Cat. IV 4 (7) [...] *qui mortis poenam removet, ceterorum suppliciorum omnes acerbitates amplectitur.* [...] *alter intellegit mortem a dis immortalibus non esse supplicii causa constitutam,*[...]; IV 6 (12) [...] *supplicium de servo <non> quam aceribissimum sumpersit,*[...].
[32] Dig. 48. 19. 21; Vgl. Garnsey, 1970, S. 125.

2. 2. Crematio/vivus exuri

Strafe für Sklaven und freie *humiliores* wenn sie sich der Verschwörung gegen ihren Herrn, des *sacrilegium* oder der Brandstiftung schuldig gemacht hatten.[33] Später wurde laut Pseudo-Paulus hiermit auch Desertation, Ausübung von Magie und *crimen laese maiestate* bei *humiliores* bestraft.[34]

2. 3. Crux/furca

Bis in die frühe Kaiserzeit zunächst nur eine Strafe für rebellische Sklaven, dann aber auch für freie *humiliores*, wobei fraglich ist, ob auch Römer davon betroffen sein durften.[35] Ab Konstantin wurde das Kreuz durch die "Gabel" ersetzt.[36] *Humiliores* wurden für Entführung, *falsum*, *sacra impia nocturnave*, *impia*, Ausübung von Magie und Mord bestraft. Wobei alternativ für Entführung und *falsum* auch *ad metallum*, für die anderen Verbrechen *ad bestias* verhängt werden konnte.[37]

2. 4. Bestiae

In der Kaiserzeit für *humiliores* aber vereinzelt auch für *honestiores* verhängte Exekutionsform in der Arena.[38] Ursprünglich nur für *sacrilegium,* ab den Severern aber auch als Strafe für Viehdiebstahl, Mord, Brandstiftung, Mitwisserschaft bei Magie und *sacra impia nocturnave*.[39] Veteranen und Soldaten waren, sofern keine Verräter, von dieser Strafe befreit.[40] Während bei Brandstiftung für *honestiores* noch die Möglichkeit zur *deportatio* bestand[41], gab es für Magie und bewaffneten nächtlichen Tempelraub keine Alternative.[42]

2. 5. Ad metallum

Strafe für *humiliores*. Der Verurteilte verlor seine Freiheit und, sofern besessen, seine Bürgerrechte.[43] Hadrian unterschied noch begrifflich zwischen *opus metalli* und *metallicum opus*[44], was aber spätestens unter den Severern ein und dasselbe war. Als Mindeststrafe darf man wohl eine Zeit von 10

---

[33] Dig. 48. 19. 28.11-12.; Dig. 48. 13.7.
[34] PS 5. 23. 17; 5. 29.1.
[35] Dig. 48. 19. 28. 11; In Suet. Galb. 9 wird die Kreuzigung eines Römers, der sein Mündel vergiftet hatte, als etwas unerhörtes dargestellt.
[36] Garnsey, 1970, S. 128.
[37] PS 5. 23. 1.
[38] Suet. Cal. 27, 3-4; Claud. 14. Die Exekutionen sind als negative Ereignisse dargestellt.
[39] Dig. 48. 13. 7.
[40] Dig. 49. 16. 3. 10; Dig. 49. 18. 3
[41] PS 5. 23. 17
[42] PS 5. 23. 15; PS 5. 23. 19
[43] Dig. 40. 5. 24. 6; 48. 19. 8; 49. 14. 12.
[44] Dig. 48. 19. 8. 6

Jahren annehmen, denn Modestinus war, in Bezug auf ohne Zeitangabe Verurteilte, der Ansicht, dass man von mindestens 10 Jahren auszugehen hatte.[45]

2. 6. Opus publicum in temproe vel perpetuum

Strafe für *humiliores*, selten *honestiores*. Sklaven konnten nicht dazu verurteilt werden.[46] Der Verurteilte verlor seine *dignitas*, aber nicht seine *libertas* und seine Bürgerrechte.[47] Bei einer Verurteilung zu *opus in perpetuum* waren die rechtlichen Konsequenzen ähnlich denen einer *deportatio*.[48] Caracall bestätigte, dass die Söhne von Veteranen *ad insulam* zu verurteilen seien anstatt *ad metallum* oder *opus publicum*.[49]

2. 7. Prügelstrafen und Geldbußen

(Außeracht gelassen wird die Prügelstrafe als Vorstadium der Exekution.)
Schwere und leichte Prügelstrafenstrafen für *humiliores*. Prügelstrafe war für die Unterschichten die „angenehmere" Alternative zur Geldbuße, auch wenn damit eine Schwächung der *dignitas* verbunden war.[50] Decurionen, Veteranen und deren Kinder waren von Prügelstrafen ausgenommen.[51] Da laut Ulpian, die Prügelstrafen dann angewandt wurden, wenn der Verurteilte zu arm für eine Geldstrafe war[52], musste derjenige der über ausreichend Vermögen verfügte Geldbußen zahlen, auch wenn er nicht zu der Gruppe gehörte, die ob ihrer *honor* Anspruch auf *reverentia* hatte.[53]

3. Randerscheinungen

3. 1. Folter

Seit der Republik und auch in der frühen Kaiserzeit war die Folter eines Freien oder eines Bürgers verboten, sofern nicht Verdacht auf Hochverrat bestand. Im Falle der *crimen laese maiestate* wurde aber von den Kaisern eine Ausnahme gemacht. Jedoch war Folter an sich keine Form der Bestrafung

---

[45] Dig. 48. 19. 22 "*In metallum damnati si valetudine aut aetatis infirmitate inutiles operi faciundo deprehendantur, ex rescripto divi Pii a praeside dimitti poterunt, qui aestimabit de his dimittendis, si modo vel cognatos vel adfines habeant et non minus decem annis poenae suae functi fuerint.*"
[46] Dig. 48. 19. 34. praef.
[47] Dig. 48. 19. 17.1.
[48] CJ 9. 47. 1.
[49] CJ 9. 47. 5.
[50] Garnsey, 1970, S. 138-139.
[51] Dig. 48. 19. 28. 5; CJ 2. 11. 5.
[52] Dig. 48. 19. 1. 3.
[53] Dig. 48. 19.28. 5.

oder gar der Hinrichtung[54], was aber nicht bedeutete, dass man sie nicht als solche missbrauchen konnte.[55] Im 2. Jh. n. Chr. jedoch kam dann die Frage auf wer, sofern nicht der *crimen laese maiestate* verdächtigt, von Folter ausgenommen war.[56] Antoninus Pius verfügte, dass auch ein verurteilter Decurio nicht einer anderen Sache wegen gefoltert werden durfte.[57] Und Marc Aurel hielt fest, dass auch in vierter Generation die Nachkommen eines Senators oder eines Ritters nicht gefoltert werden durften.[58]

3. 2. Custodia

Ob ein Mitglied der Oberschicht unter Hausaufsicht gestellt wurde oder bis zum Gerichtsverfahren/Exekution im Gefängnis verwahrt wurde, hatte davon abhängig gemacht zu werden, wie schwer das vorgeworfene Verbrechen war.[59] Vereinzelt konnte, auf kaiserlichen, noch seltener auf statthalterlichen, Beschluss, der "Hausarrest" selbst die Strafe sein, auch wenn von Rechtswegen nicht als solches vorgesehen.[60]

---

[54] Dig. 48. 19. 8. 3.
[55] Sen. ira III XVIII, 3 Vorwurf an Caligula Senatoren zum Vergnügen gefoltert zu haben.; Suet. Tib. 62 Das Treiben auf Capri.; Gaius 32, 1 Folter als Unterhaltung bei Festmählern.; Garnsey, 1970, S. 143-145
[56] Garnsey, 1970, S. 145-146.
[57] Dig. 50. 2. 14.
[58] CJ 9. 41. 11.
[59] Dig. 48. 3. 3.
[60] Dig. 48. 19. 8. 9

Fazit: Hadrian und die Entstehung privilegierter Gruppen

Die in Dig 48.19. 13-14 von Hadrian systematisierten Strafen sind zwar dieselben wie die in severischer Zeit als Strafen für die *honestiores* und *humiliores* angewandten, das methodische Problem ist jetzt aber, herauszufinden, inwiefern bereits bei Hadrian eine Zweiklassengerichtsbarkeit existent war. Eine zentrale Rolle bei der Bewertung nimmt Dig. 48.19. 15. ein, das Verbot einen Dekurionen wegen Mordes zu exekutieren ist ein starkes Argument dafür, dass bereits Hadrian in zwei Rechtskategorien für zwei soziale Gruppen dachte. Da die Decurionen das provinziale Äquivalent zum römischen Senat waren, und von ihrem Vermögen auf der selben Stufe wie die Ritter standen, stellt sich natürlich die Frage inwieweit der Decurionenstand nicht bereits im 1. Jh. n. Chr. in den Genuss von ähnlichen Privilegien wie die beiden stadtrömischen *ordines* gekommen war und wenn ja, welcher Art diese Privilegien waren. Das Problem hierbei liegt darin, dass Hadrian mit seinen Antworten zumeist auf konkrete Fälle reagierte und daher mit seinen Antworten keine allgemeinen Prinzipien formulierte, sondern am aktuellen Fall klar stellte, welche Aspekte des Rechtes hier zu berücksichtigen waren.

Als sicher angesehen werden kann aber, dass der Zeitpunkt des Auftauchens der ersten kaiserlichen Erlässe in Richtung der Zweiklassengerichtsbarkeit kein Zufall sein kann. Vermutlich waren es Hadrians zahlreiche Reisen durch die Provinzen des Reiches, die ihm Einblick in eine Problematik gewährten, die seinen Vorgängern in ihrer Tragweite verschlossen geblieben war. Denn bereits zu Beginn des 2. Jh. n. Chr. waren es die Mitglieder des Dekurionenstandes der Provinzstädte, die mit ihrem Privatvermögen, zusätzlich zu den regelmäßig bzw. im Bedarfsfall zu leistenden *munerae*, auch noch für einen Großteil der Steuerleistung, besonders der *annona*, ihrer Stadt aufkommen mussten. Dadurch sank die Attraktivität der Mitgliedschaft im Dekurionenstand, trotz des damit verbundenen gesellschaftlichen Prestiges.[61]

Diese Erkenntnis bringt im Bezug auf die eingangs gestellte Frage leider keine eindeutige Antwort. Denn man kann sowohl dafür argumentieren, dass 1) Hadrian, um das Dekurionat zu attraktivieren dieses mit bis dahin den beiden stadtrömischen *ordines* vorbehaltenen Privilegien ausstattete. Aber auch dafür, dass 2) diese Privilegien bereits im 1. Jh. n. Chr. auch für Dekurionen gegolten hatten, aber von den Statthaltern zunehmend ignoriert worden waren, sodass Hadrian durch seine Erlässe "nur" die Wiederherstellung der alten Ordnung betrieb.[62]

---

[61] Aus dem 2. Jh. n. sind immer wieder Bitten um die Nicht-Aufnahme in den Dekurionenstand erhalten, wobei den meisten nicht stattgegeben wurde und der betreffende sich seinem Schicksal beugen musste.
[62] Wobei ich persönlich zu letzterem tendiere, da eine Ausweitung von "patrizischen" Privilegien auf eine so heterogene Gruppe wie dem *ordo decurionum*, mit Sicherheit seinen Niederschlag bei den senatorischen Historiographen gefunden hätte, währendem die Bekräftigung alter Rechte in der Überlieferung durchaus beiseite gelassen werden konnte!

Die späteren Kaiser bemühten sich, die unter Hadrian begonnene Unterscheidung zwischen *honestiores* und *humiliores* zu verfestigen.

Vollkommen ungeklärt bleiben muss die Frage, wie sich nach der Einführung der Zweiklassengerichtsbarkeit, zumindest bis zur *constitutio Antoniana*, der Besitz des römischen Bürgerrechts vor Gericht auswirkte. Denn die uns zur Verfügung stehenden kaiserlichen Erlässe und Reskripte beziehen sich entweder nur auf konkrete Anlässe, oder treffen allgemeine Aussagen in einer unklaren Angelegenheit, meistens eben in Bezug auf die Gruppe der *honestiores*. Wie aber mit einem römischen Bürger zu verfahren war, der kein *honestior* war, wird mit keinem Wort erwähnt. Vielleicht, weil es vorausgesetzt wurde, dass jeder römische Statthalter wusste, wie ein solcher zu behandeln war. Möglich wären folgende Regeln:

A) Die Bestrafung aller Römer mittels milderen Strafmaßes und die Bestrafung von Nicht-Römern und Sklaven durch härteres Strafmaß.

B) Die Bestrafung der Oberschicht hauptsächlich durch Verbannung, während für die Unterschicht, auch Römer, Körperstrafen bevorzugt wurden. (Wie es im 3. Jh. n. nach der *constitutio Antoniana* praktiziert wurde.)

Wie beschrieben lassen die zur Verfügung stehenden Quellen in mehreren Bereichen Fragen offen, sodass manchmal nur Wahrscheinlichkeiten ausgemacht werden können.

Bibliographie

Augustus: Res Gestae Tatenbericht (Monumentum Ancyranum). Lateinisch, Griechisch und Deutsch. Übersetzt und kommentiert von Marion Giebel. Stuttgart, 2014.

Cassius Dio: *Roman history*. Translation by Cary Earnest, Camebridge, 1961.

Samuel P. Scott: *The Digests or Pandects of Justinian*. Cincinnati, 1932.

Gaius Suetonius Tranquillus: *Kaiserbiographien*. Lateinisch und deutsch von Otto Wittstock. Berlin, 1933.

Lucius Annaeus Seneca: De ira, in: *Philosophische Schriften*. Lateinisch und Deutsch. Erster Band. Dialoge I-VI. Übersetzt von Manfred Rosenbach. Darmstadt, 1976.

Alexander Koptev, Yves Lassard: *The roman law library*, http://droitromain.upmf-grenoble.fr/ [abgerufen 28.6.2016]

Iulii Pauli Sententiae: http://ancientrome.ru/ius/library/paul/index.htm [abgerufen 28.6. 2016].in:

Alexander Koptev: *The roman law library*, http://ancientrome.ru/ius/library/ [abgerufen 28.6.2016].

Plinius Caecilius Secundus: *Sämtliche Briefe*. Übersetzt von André Lambert, Walter Rüegg (Hrsg.), Zürich, 1969.

Geza Alföldy: Römische Sozialgeschichte. Stuttgart, 3. Auflage, 1984.

Peter Garnsey: *Social status and legal privilege in the Roman Empire*. Oxford, 1970.

Peter Garnsey; Richar Saller: *The roman empire: economy, society and culture*, Berkeley 1987.

Christian Gizewski: DNP 3 (1997) Sp. 356-358 s.v. Decurio, decuriones.

Rolf Rilinger: *Humiliores-Honestiores. Zu einer sozialen Diochtomie im Strafrecht der römischen Kaiserzeit*. München, 1988.

Richard Saller: *CAH XI.2* (2008) S. 817-854 s.v. Status and Patronage.

BEI GRIN MACHT SICH IHR WISSEN BEZAHLT

- Wir veröffentlichen Ihre Hausarbeit, Bachelor- und Masterarbeit
- Ihr eigenes eBook und Buch - weltweit in allen wichtigen Shops
- Verdienen Sie an jedem Verkauf

Jetzt bei www.GRIN.com hochladen und kostenlos publizieren